ORAISON FUNÈBRE

DE

J.-B.-J. MACEROUZE

CURÉ ARCHIPRÊTRE

DE BERGERAC

PRONONCÉE LE 15 MARS 1870, JOUR DE LA TRANSLATION DE SES RESTES
DANS L'ÉGLISE SAINT-JACQUES

PAR L'ABBÉ MAGUEUR

MISSIONNAIRE.

PÉRIGUEUX

IMPR. BOUCHARIE ET Cᵉ, RUE MATAGUERRE, 3.

—

1870.

ORAISON FUNÈBRE

DE

J.-B.-J. MACEROUZE

CURÉ ARCHIPRÊTRE

DE BERGERAC.

Ecce sacerdos magnus.
Voilà un grand prêtre.

Il y a quarante-sept ans, ce prêtre faisait son entrée dans cette église, pour en prendre possession en qualité de pasteur. Aujourd'hui il y rentre, après une absence de deux mois au séjour des morts, la plus longue qu'il ait faite pendant cette série d'années; il en prend possession une seconde fois, et cette fois pour toujours! Mais quelle différence entre ces deux entrées! Pour l'une, c'était l'heure de la vie, de la joie, de la jeunesse, de l'action; le pasteur était porté par son dévouement et par son zèle pour son peuple nouveau; pour l'autre, c'est le deuil, c'est la mort et le repos, et c'est l'amour de son peuple qui est allé chercher le pasteur inanimé et qui le ramène au milieu de ses enfants. Alors, c'était l'heure de l'espérance, c'était la fleur épanouie; aujourd'hui, c'est l'heure de la réalité, l'heure de l'accomplissement des promesses; c'est le fruit mûri et tombé. Alors, c'était le premier pas dans la carrière; maintenant, c'est l'heure de jeter un regard sur la carrière parcourue, de compter les pas de ce grand pasteur et de signaler les principaux traits de cette grande figure de prêtre.

Il n'appartient qu'à Dieu, il est vrai, de juger les vies humaines, celles qui sont humbles comme celles qui furent illustres : à lui seul il appartient de décerner la gloire ou la honte; et devant ce jugement suprême, nous devons adorer dans le silence.

Il est des vies pourtant pour lesquelles il nous est permis, prévoyant de quel côté a penché la balance de l'éternelle justice, de faire entendre à la terre un premier écho de la sentence divine. Quel bonheur, quand une vie de ce caractère privilégié peut être mise à part du commun des vies, pour être proposée à l'admiration et à l'imitation des survivants ! Mais aussi, quelle œuvre de la peindre ce qu'elle fut, grande et illustre ! Comment égaler par la parole la grandeur de ses œuvres !

Et voilà la grande œuvre que j'entreprends; trop grande en vérité ! Jamais je n'avais senti le poids de la parole aussi lourd qu'en ce moment; mais comment se taire? Louer ce grand prêtre, c'est louer l'Eglise catholique qui l'a formé, et qui développa les riches dons déposés en son âme; louer ce grand prêtre, c'est louer le sacerdoce dans un de ses plus nobles représentants; louer ce grand prêtre, gloire de cette noble ville, c'est écrire une des belles pages de votre histoire, c'est acte de justice envers celui qui, si souvent et si bien, sut louer ses frères et ses enfants décédés; louer ce grand prêtre, qui fut votre pasteur, c'est répondre à votre attente, à vos désirs, à votre amour; et quelle que soit ma parole, vous me saurez gré d'avoir tenté de louer votre père.

Que le Dieu qui a créé cette âme grande et qui l'a couronnée d'un grand sacerdoce, mette sur mes lèvres de dignes paroles de louanges; alors, mais alors seulement, il me sera donné de louer selon son mérite Jean-Baptiste-Justin Macerouze, curé archi-prêtre de Bergerac.

I

Pour apprécier à sa juste valeur l'action de Justin Macerouze, il importe de considérer l'époque à laquelle il naquit et l'heure à laquelle il fut appelé à l'action. C'est en considérant le milieu dans lequel fut placée sa vie, les obstacles qu'il eut à surmonter et les ruines qu'il dut réparer, que nous estimerons la puissance des moyens dont il fut pourvu et l'élection providentielle dont il fut marqué.

Il naquit en 1798, au moment où les ruines sociales et religieuses, amoncelées par une révolution impie et insensée, couvraient le sol de la France. Les temples étaient fermés; les prêtres dans les prisons ou en exil; l'enseignement de la foi était suspendu; ceux qui l'avaient reçu avant la grande catastrophe en perdaient le souvenir ou l'estime, et les générations nouvelles s'élevaient sans le connaître. Les nombreuses institutions et les œuvres admirables dont cette Foi avait doté le monde avaient péri par l'abandon ou sous les coups de la haine. L'œuvre de plusieurs siècles de foi avait été renversée en quelques mois par le délire de quelques hommes !

Quel triste spectacle offraient alors vos contrées! De toutes parts, des ruines, et nulle trace encore de régénération. Mais, pour vous, mes frères, il est déjà né celui qui doit, à l'heure fixée, être le grand restaurateur de votre foi.

En attendant que nous le considérions dans l'accomplissement de sa mission, signalons les traits de son enfance qui méritent mention, et assistons au développement et à la formation de cette vocation privilégiée.

Il est né d'une famille honorable, et reçoit l'empreinte d'une éducation chrétienne des mains d'une pieuse mère, hélas ! enlevée trop tôt à son affection filiale. L'œuvre interrompue par la mort est continuée par une sœur aînée, à laquelle il rendra plus tard un témoignage de reconnaissance attendrie pour la part d'influence qu'elle eut sur son existence.

Avec l'esprit chrétien, il trouva dans sa famille les traditions sacerdotales. Parmi les prêtres de la contrée, plusieurs avaient porté son nom ; ce nom, prononcé avec vénération pendant son enfance, dut être pour lui comme un premier appel à la carrière sacerdotale.

Dans quel discrédit elle était alors tombée, cette vocation ! vous le comprendrez sans peine. Si le sacerdoce, comme le christianisme, n'avait eu un principe de vie et de conservation placé au-dessus de l'homme, c'en eût été fait du sacerdoce. Calomniés et proscrits, mis à mort ou exilés, les ministres du sanctuaire, à part de rares exceptions, n'étaient plus là pour se recruter et se donner des successeurs dans la tribu sainte. La vue de leur martyre fit hésiter et reculer bien des âmes faibles : le sanctuaire courait le risque de demeurer à jamais désert.

D'autre part, une autre grandeur venait de se montrer aux regards de la France, et le génie de la guerre et de la victoire fascinait les cœurs généreux : la gloire militaire, à défaut d'autre, était le grand mirage qui les attirait.

Sollicité par des forces contraires, quelle part choisira le cœur dont nous interrogeons à cette heure le premier son réveil? Il n'est point un cœur [illegible]

[illegible]

de son âme et sa puissance d'attachement; pendant plusieurs mois il ne cessa de donner des larmes à celle qu'il avait perdue, et chaque jour il se retirait à l'écart pour donner un libre cours à sa douleur. Dans cette âme non moins généreuse que sensible, quel sera l'attrait vainqueur?

Sera-ce la famille? quel cœur fut plus attaché à ses proches? Et pourtant sa famille spirituelle l'emportera dans la balance, vous l'avez vu naguère, sans exciter d'ombrage parmi les membres de sa famille naturelle. Dès les premières années, il affirma dans son cœur cette préférence

Sera-ce la gloire militaire? Le croyez vous indifférent, ce cœur généreux, à la grandeur des luttes héroïques et des sublimes triomphes? En vérité, il eût suffi aux grandes entreprises, il eût compris le dévouement jusqu'au sang; je n'en veux pour preuve que l'enthousiasme juvénile qu'il montra dans les dernières années de sa vie, en présence d'une de nos colonnes rentrant victorieuse. Un

rayon de la gloire militaire avait frappé son cœur,
de vieux soldat du Christ; son admiration se traduit
par des larmes, et dans une étreinte sublime, il fit
jaillir des larmes des yeux du chef vainqueur lui-
même. — Il sera soldat, mais soldat du Christ!

Que dirai-je du monde? Les espérances qu'il pouvait offrir au jeune Macerouze auraient pu le séduire,
si Dieu déjà n'eût pas pris possession de son âme : les
qualités qui procurent les triomphes étaient en lui,
riches et multiples; il eût été son idole, il aima
mieux être son vainqueur, en prenant place parmi
les ministres de l'Evangile.

C'en est fait.. . une dernière fois il est placé par
son père en présence des carrières diverses, avec
liberté entière d'élection. Il dirige ses pas vers le
sanctuaire dévasté. La vue des prêtres proscrits ne
l'a point effrayé; ils ont été pour lui le type des
héros; il les voit, couronnés de la majesté du malheur
et de l'auréole des martyrs, rentrer dans leurs églises,
mais la plupart pour y mourir avant d'en avoir
relevé les ruines. A cette vue, son noble cœur
conçoit le grand dessein de consoler la religion en
deuil et de rendre à la société tous les bienfaits
qu'elle prodigue.

Il sera prêtre. Il va donc à l'école des prêtres, à la
Mission, où il reçoit les premiers enseignements;
puis, successivement, à Sarlat et à Angoulême.
Pendant cette série d'années, sa vie est cachée sous

l'ombre du sanctuaire ; mais, à Angoulême, à vingt ans, son mérite se révèle par des traits qui n'appartiennent qu'aux grands hommes. Bossuet, à seize ans, avait prêché à l'hôtel de Rambouillet et avait emporté les suffrages d'une société d'élite. Le jeune Macerouze, simple lévite, fut pressé, tant son mérite avait brillé dans la chaire, de renouveler l'épreuve de Bossuet, et, dans le salon comme dans la chaire, le jeune orateur fut triomphant.

Sur ces indices, il est envoyé à la grande école, celle qui depuis plusieurs siècles donne à la France des évêques et de grands et pieux prêtres. Ce qu'il fut, nous le savons, grâce au témoignage que nous en a donné le maître qui le vit de plus près, peut-être, et qui put le mieux apprécier ses rares qualités. — Il fut le parfait séminariste. Zélé pour le travail, et ne craignant pas de prendre sur le sommeil afin de se ménager plus de temps pour l'étude ; piété tendre et expansive, cœur aimant, charitable et compatissant, qui faisait présager le bon pasteur, père et ami des pauvres. Il s'appliquait avec zèle aux catéchismes, qu'il appelait l'apprentissage de l'apostolat, s'y faisait aimer des enfants ; il excellait à les instruire et à leur faire goûter ses instructions. Enfin, l'abbé Macerouze emporte l'estime et l'affection de ses maîtres comme de ses condisciples (1). —

____

(1) Témoignage de M. Hamon, actuellement curé de Saint-Sulpice, à Paris.

A ce dernier trait, surtout, vous reconnaissez votre pasteur ; de partout il emporta l'estime et l'affection

C'est alors qu'il revint parmi vous, non sans soutenir plusieurs luttes de la part de ceux qui, épris de ses rares qualités, désiraient le retenir. Le théâtre eût été plus étendu, l'avenir plus brillant, croyaient-ils ; mais il était écrit que l'abbé Macerouze vivrait et mourrait curé de Bergerac.

Et d'ailleurs, le nouvel évêque que le Périgord venait de recevoir, l'avait, lui aussi, distingué de son œil perspicace et pénétrant. Il prévit qu'il aurait en lui un auxiliaire des plus puissants pour la régénération de cette terre. Vous en pouvez juger par les hautes fonctions qu'il lui confia, avant même le sacerdoce, les fonctions de supérieur du petit séminaire. Avant un an, il fut promu à la cure de Bergerac, gardant néanmoins la haute direction du séminaire, et continuant douze ans encore à exercer une influence des plus fécondes pour le sacerdoce de ce diocèse.

Vous avez hâte de considérer le pasteur, votre pasteur ; de repasser cette vie, déroulée sous vos yeux ; c'est la seconde et principale partie de ma tâche, mais qui doit être éclairée par la première : l'une explique l'autre et nous montre à quelles sources fut puisée sa grandeur. Quelque richement doué que soit un homme, fût-il un homme de génie, il est toujours redevable à l'homme ; l'homme a besoin de l'homme ; Dieu a posé cette loi admirable et touchante : qu'il me soit donc permis de signaler le dernier instrument dont Dieu s'est servi pour former votre pasteur.

La dernière influence, quoique peu connue, qui s'exerça sur cette âme pour en achever la formation, fut celle du vénérable évêque qui l'appréciait si bien. Il était digne à tous les titres de mettre la dernière main à cette grande œuvre. Cœur noble et paternel, il put à la fois comprendre et satisfaire le cœur qu'il devait diriger. Esprit distingué et sagace, il s'imposait par une autorité suffisante à son intelligent disciple. Mais il avait surtout l'expérience de la vie ; il avait passé par l'exil, et il en rapportait, comme le pilote qui a expérimenté les tempêtes, la prudence et le calme au milieu des plus fortes commotions.

Ce fut cet homme sage qui imposa au jeune Macerouze les hautes et multiples fonctions dont une seule eût suffi pour une capacité ordinaire (1). Gardant du séminaire la haute direction, pasteur de la grande paroisse de Bergerac, portant en réalité la charge du

(1) **Mgr** Gousset le jugea de même. En 1836, il le nomma supérieur du Grand Séminaire de Sarlat, en lui demandant sa démission de curé de Bergerac. M. Macerouze, après quelques observations respectueuses dans le sens du refus, donna, par obéissance, sa démission, qui fut portée à l'évêché ; mais Monseigneur, réflexion faite, la jeta au feu, et laissa à Bergerac son curé.

missionnaire, il était en outre chargé de veiller sur toutes les églises de l'arrondissement, de les visiter et de rendre compte de leur état. Il était, vous le voyez, le mandataire épiscopal pour toute la contrée.

Sous ce poids accablant, il ne fléchit jamais ; mais, après Dieu, il trouva son plus ferme appui dans celui qui le lui avait imposé. A son évêque, qu'il aima toujours comme un père, il ouvrait son âme chaque jour tout entière. Cette âme, qui a tant consolé, demandait alors la consolation avec la simplicité de l'enfant ; et toujours il recevait la réponse paternelle, sage et ferme, qui le guidait et le fortifiait. Auprès de ce cœur, trempé de force et de suavité, le jeune curé, s'il n'eut pas à prendre l'initiative qui entreprend et l'ardeur qui exécute, apprit sans doute le grand art du délai et de la temporisation ; à cette école, il apprit à attendre, à compter avec les obstacles, à prendre les hommes comme ils sont, et à mettre parmi ses moyens de succès la modération, la patience et le silence, toutes qualités essentielles au pasteur.

Qu'il soit béni encore une fois, le noble et saint évêque qui releva les ruines de la foi dans nos contrées ! qu'il soit béni à cette heure surtout, en présence de ce cercueil, puisque c'est lui qui vous donna le pasteur qu'il renferme ; c'est lui qui le rendit plus digne encore de votre vénération et de votre amour.

II.

Vous venez de voir ce qu'a reçu de l'homme ce cœur spontané et actif entre tous ; voyez ce qu'il a rendu : la mesure n'est pas trop grande, il a rendu au centuple, il s'est donné tout entier !

L'heure d'agir est venue, et pourtant, chose étonnante, il ne le soupçonnait pas. Il vous le dit lui-même dans le premier épanchement qu'il laissa tomber dans vos âmes au jour de son installation. La formation des lévites, à l'ombre mystérieuse du sanctuaire, voilà quelle avait été sa première perspective ; mais sa destinée était autrement fixée. C'est au grand jour, au grand soleil de la publicité, que va se dérouler son existence. A partir de ce moment, il ne s'appartient plus ; il se donne à vous tout entier : avec le premier regard qu'il laisse tomber sur son peuple, il laisse tomber toute l'affection de son cœur. Il vous adopta pleinement. sans réserve et sans distinction, sans hésitation comme sans inconstance. Jusqu'à son dernier soupir il a été fidèle.

Quoi de plus éclatant, et quel trait plus admirable dans une longue vie !

Dans cette église, il a fait sa première communion ; premier lien, lien touchant et solennel... première consécration, la consécration du chrétien.

Dans cette église, il se prosterna au jour de la consécration sacerdotale : *Sacerdos in æternum ;* prêtre à jamais par l'onction ineffaçable ; prêtre à jamais attaché à cette église, et dont il ne sera séparé ni dans la vie ni par la mort. Bientôt après, par le titre de pasteur, il est uni, non plus seulement au sanctuaire, mais aux fidèles qui le remplissent. Il s'attache à vos âmes, comme il s'était attaché au pavé du temple, lors du dernier adieu au monde, et la chaîne n'a pu être brisée ni par le temps, ni par la perspective des honneurs, ni par le fractionnement du troupeau, ni par la mort ! Il est mort où il a vécu, il reposera où il a travaillé, entouré après sa mort des sympathies fidèles de ses fils, comme il les entoura lui-même d'une sollicitude incessante.

O union admirable ! Pendant un demi-siècle, un cœur de père ne se lasse jamais de se dévouer ; sa première affection a gardé jusqu'à la fin la fraîcheur et la force des premières années. Il le disait lui-même, cette église, c'est la vieille épouse dont il ne peut consentir à se séparer... Le cœur des enfants répond au cœur du père ; la vénération, la reconnaissance et l'amour l'ont sans cesse entouré ; jamais cœur n'entraîna tant de cœurs après lui et ne les trouva si constamment fidèles. — N'a-t-il donc jamais passé par l'épreuve de l'oubli? Cruelle entre toutes, mortelle pour beaucoup, cette épreuve, vous n'avez pas permis qu'il la subît. Si le fantôme de l'injustice et de la calomnie osa se montrer, votre piété filiale l'a promptement mis en fuite. Le pasteur et le troupeau, unis pendant la vie, ont vu leur union consacrée par la mort pour devenir éternelle.

Cette union, mes très-chers frères, trouva sa première raison dans l'harmonie qui existait entre son caractère et le vôtre. Enfant de la même terre, il a vu le jour sur les bords de ce même fleuve qui traverse votre ville et arrose votre riche plaine; cœur ardent et sympathique, il rencontra des âmes sympathiques aussi, nées sous le même ciel, épanouies au même soleil.

Mais, en outre, et qui de vous ne s'en souvient! sa vue seule attirait; un rayon puissant de la beauté céleste, départie à l'homme, sa créature privilégiée, était tombé sur son front, éclairait son visage et se répandait sur tout son être : *Speciosus formâ.* (Ps.) *Erat autem Joseph pulchrâ facie et decorus aspectu.* (Gen. 49). Mais quel éclat, quand à la splendeur des formes s'ajoutait le rayonnement de l'intelligence qui allumait son regard, et ce je ne sais quoi venu du cœur qui charmait les âmes et les captivait par le plus puissant des attraits!

Ce que je loue, c'est l'œuvre de Dieu; c'est à Dieu que j'emprunte les termes de la louange. Et pourtant, que devient mon éloge en présence de ce corps, tel que la mort l'a fait! Pourquoi, en présence de ces restes inanimés et de ce corps flétri, rappeler et peindre la splendeur du premier âge, sinon pour vous apprendre, par un exemple des plus saisissants, que la chair de l'homme se flétrit comme l'herbe des champs, et que tout est vanité, sinon l'amour de Dieu et son service!

Ces avantages, après tout, furent plus un danger qu'un bienfait. En voyant celui qui les portait, il semblait que l'on eût sous les yeux une image lointaine d'Augustin, riche et brillante intelligence, cœur généreux et brûlant; de toutes parts les suffrages et les applaudissements; les foules s'émeuvent à sa vue et se portent vers lui : *Totus mundus abiit post eum* (1). En vérité, il est roi, roi pacifique, mais roi acclamé, roi de cette plaine, roi des coteaux d'alentour. Cette royauté, c'est vous qui la lui décernâtes; mais je tremble en entendant, du sein de cette foule transportée, monter vers un cœur d'homme des acclamations que le ciel seul peut accueillir. C'est un ange!

Vous fûtes alors pour lui le danger le plus redoutable; sa gloire fut de l'éviter. — Ah! connaissez,

(1) Joan. 12.

mes frères, avec quelles armes combattent les grands
chrétiens, et par quels moyens ils triomphent. Peut-
être beaucoup parmi vous n'ont-ils vu que les de-
hors, et ont-ils cru à une vertu facile ; mais, puisque cette vie est close, les mystères de vertu peuvent
éclater à l'avantage des survivants. Aux triomphes
du jour, il donnait comme contre-poids la prière
humiliée, prosternée jusqu'à terre, et prolongée
pendant les heures de la nuit. Ce ne fut point assez ;
il eut recours à la violence et s'immola lui-même
par le glaive de la pénitence volontaire. Vous croi-
rez-vous transportés à plusieurs siècles en arrière, si
je parle de cilice, de discipline, de chaîne de fer et
même du feu !!! Et pourtant ils sont là, ces instru-
ments du sacrifice où il était à la fois immolateur et
victime. — Voilà comment ce cœur, si bon, si compatissant à tous, exerçait sur lui-même la rigueur
des saints ; voilà comment, dans le secret, il donnait
une réponse de mort à vos vivats, et comment il la
pratiquait, cette grande parole : *Omnia vanitas.*

J'ai signalé le trait principal de votre pasteur, le
fond de son âme, je veux dire une puissance sou-
veraine d'attrait, dont tous ceux qui l'approchèrent
rendront témoignage, et une puissance non moins
grande d'affection et de dévouement pour quiconque
se trouvait à la portée de son cœur. Mais, hâtons-
nous de le dire, pour diriger les nobles élans de son

âme et procurer toute leur fécondité, il avait reçu
du ciel, comme puissant et indispensable auxiliaire,
une riche et vaste intelligence, prompte à concevoir,
ingénieuse à exécuter, inépuisable dans l'invention
des moyens. Quel cœur plus grand eut jamais à son
service un esprit plus varié, plus facile! S'il ne fut
pas l'homme de la science, quel homme garda plus
que lui, au milieu de préoccupations qui accablaient
à la fois l'esprit et le corps, le culte du beau dans
les œuvres de l'esprit, et quelle imagination sut
mieux parer la vérité conquise et la faire accepter et
aimer de tous les esprits?

S'il ne fut pas le grand docteur de l'école, il fut le
grand docteur des peuples, il fut le grand pasteur
Sa parole fut acceptée et applaudie par les privilégiés
de l'intelligence ; mais elle s'adressa surtout aux
multitudes. Telle fut sa grande mission : Dieu le fit
naître à l'heure des ruines, et le plaça sur le chan-
delier au moment qu'il avait fixé pour les relever.
Dans ce but, il le créa homme d'action avant tout,
ouvrier apostolique, ouvrier intelligent, sauveur, par
son action puissante, de toutes les classes de la société. En vérité, elle est grande cette gloire. Que ne
puis-je ressusciter un instant tout l'éclat dont vous
fûtes les témoins ravis ! C'est ici la partie la plus
belle, mais la plus ardue de ma tâche.

Il sera fécond en œuvres, celui qui porte un si
grand cœur. S'il l'a montré dans les paroles brû-

lantes qui tombaient de la chaire, il l'a non moins montré dans les œuvres de bienfaisance qui se sont multipliées à tous les pas de sa vie. Pleine d'éclat, cette existence fut pleine de fruit ; puissant en parole, il fut puissant en œuvre.

Votre pasteur, mes frères, aimait ; voilà pourquoi il a passé en faisant le bien. Il aima les pauvres, il aima les pécheurs, il aima l'enfance, il aima les malheureux, il aima tout son prochain.

Il n'attendit pas pour aimer les pauvres d'être revêtu du caractère de prêtre et de porter le titre de pasteur. Ce fut une inclination précoce, un fruit spontané de son cœur : avant d'être leur père par le devoir pastoral, il avait écrit : **Je donnerai aux pauvres toutes les fois que je le pourrai ; mais je puis toujours les aimer : toujours donc je les aimerai.** Le voilà ce premier cri du cœur du lévite ; il sera bientôt suivi des appels brûlants en faveur du pauvre et des aumônes abondantes qui s'échapperont de ses mains. Non content de les aimer, il faut qu'il les soulage ; pour atteindre ce but, il devra en même temps être riche et être pauvre.

Parce qu'il aime les pauvres, il aimera la pauvreté. En doutez-vous ? Allez, montez les marches ébréchées de l'escalier obscur, tortueux, malaisé qui mène au réduit dont il a fait sa demeure sa vie durant. Le luxe en est banni, la pauvreté y éclate, et pourtant c'est là que se sont donné rendez-vous le riche et le pauvre, l'un pour verser l'aumône et l'autre pour la recueillir. Il se sentait, comme saint Paul, redevable envers tous; envers le riche, auprès duquel il portait la distinction de l'esprit et la noblesse des sentiments qui lui donnaient le droit de devenir son ami; envers le pauvre, vers lequel il s'inclinait par la condescendance et la compassion! Placé entre le riche et le pauvre, il fut entre les deux l'intermédiaire providentiel. Il fut riche par l'amitié du riche, il fut pauvre par amour pour le pauvre.

Il avait de longues heures d'audience pour les pauvres qui venaient vers lui révéler leur souffrance et leur détresse; mais combien de fois il alla vers eux. Il allait voir le foyer éteint, les enfants en haillons, le malade sans remèdes, l'ouvrier sans travail, le lit sans couverture; il regardait d'un œil de père, il gémissait et donnait le secours, se dépouillant quelquefois, dans un élan héroïque de charité, des vêtements qu'il portait. Oui, en vérité, héroïque, je n'en ai point trop dit : pendant une des nuits glacées de janvier 1830, au retour d'une de ces excursions de charité, où les souffrances de ses pauvres l'avaient plus profondément ému, la fenêtre du presbytère s'ouvre à l'heure mystérieuse de minuit et livre passage à une masse informe, recueillie aussitôt par un indigent fidèle au rendez-vous, et qui l'emporte à travers les ténèbres; il emportait la couche du pasteur. Surpris, le lendemain, dans l'état de dénuement où l'a réduit sa charité, le bon curé, confus de cet acte à l'égal d'un délit, demande, en suppliant, le silence : le silence est promis et gardé jusqu'à cette heure, où la mort me commande de le rompre.

Il donna, selon le précepte de l'Evangile, dans l'ombre ; mais la reconnaissance, si trop souvent elle a gardé le silence, en a dit assez pour donner la mesure de l'abondance de ses largesses. Un jour viendra où vous vous lèverez, pauvres de cette ville, comme vous vous êtes levés naguère ; vous l'entourerez, ce pasteur miséricordieux. Vous avez versé sur son cercueil les larmes silencieuses de la reconnaissance et du regret ; alors vous rendrez un témoignage éclatant devant Dieu et devant les hommes.

Mais, parmi les pauvres, il aima par-dessus tout ceux qui manquent plus que de pain et de vêtements, qui manquent de famille ; il était particulièrement le père de ces pauvres créatures. Pour les orphelins, sans famille, sans asile, il construisit une demeure ; il leur donna des mères, et de loin il veilla constamment à leur subsistance, leur donnant en mourant un témoignage particulier de son dévouement paternel.

— Il aima les enfants ; il les aima jusqu'à ce degré de tendresse qui le rendait accessible aux enfants eux-mêmes. Il aimait en eux, ce charme incomparable d'une âme encore intègre qui se révèle à travers les grâces du premier âge. Et quel cœur fut jamais plus capable de sentir ce charme! quelle langue en a mieux chanté la naïve poésie? — Il aima surtout leur âme ; il les aimait comme l'espérance de cette ville, comme le fondement de l'avenir, comme la couronne future de sa vieillesse et de sa dernière heure. Mais, pour satisfaire son désir de père, il dut créer péniblement des asiles d'éducation pour les nombreux enfants livrés à leurs instincts et aux influences du vice. Il chercha, il demanda à deux genoux des auxiliaires dévoués ; il fonda des établissements, aujourd'hui florissants, au prix de mille efforts, travaillant par sa parole, donnant largement de ses deniers. Il fut plusieurs fois fondateur : œuvre grande, mais œuvre lourde, car elle est une participation à l'acte créateur. Après avoir fondé, il fut encore Providence, veillant sur ses enfants, les réunissant souvent, les nourrissant du lait des saints enseignements, ingénieux à captiver leur attention, et sachant surtout toujours trouver le chemin de leur cœur. Par eux, il a cultivé, développé ce bel arbre de la piété, dont vous contemplez aujourd'hui les rameaux et dont vous goûtez les fruits délicieux. Non content de fonder des maisons de pierre, il fonda surtout le monument de la foi, et c'est dans le cœur des enfants qu'il en jeta les fondements. Ce monument de la foi, le voyez-vous, grandiose et sublime (1), attestant à tous la grandeur

____

(1) L'église Notre-Dame.

du ministère qui le rendit possible. A Dieu ne plaise que j'oublie les grands et nombreux dévouements qui concoururent à sa construction ! à Dieu ne plaise que j'absorbe toutes les gloires dans une seule ; mais s'il est vrai que les monuments religieux, avant d'être le produit de l'or et de l'art, ont jailli d'une pensée, qui ne peut être qu'une pensée de foi, quelle part doit revenir de ce monument, outre la part de l'or, au pasteur qui releva et rendit florissante la foi dans cette ville !

— Au même moment s'imposait à lui une œuvre d'un caractère tout opposé, à laquelle il donna, s'il se peut, un dévouement plus grand encore. A côté de l'enfant au cœur vierge, il trouva l'âme qui a vécu, l'âme qui a été blessée au contact de la vie. Pour ces âmes surtout, il a fait éclater un zèle qui tient du prodige ; pour ces âmes, hélas si nombreuses à cette époque de ruines religieuses, il donna plus que de l'or ; il donna, comme le bon pasteur, sa vie même. Il la donna comme pasteur, il la donna comme apôtre.

Comme pasteur, vous l'avez vu, vous l'avez entendu. Vous avez vu les âmes, attardées en grand nombre, qu'il amena vers la table sainte ; vous avez entendu les accents pathétiques par lesquels il ébranlait les cœurs coupables et les touchait jusqu'aux larmes. Quelle tendresse de père sur l'enfant prodigue ! Quelle commisération de sauveur pour

Magdeleine pécheresse! Quelle émouvante interprétation ne fit-il pas fréquemment de ces deux pages de l'Evangile? elles étaient gravées dans son cœur et revenaient souvent sur ses lèvres. Par elles, il transperçait les cœurs et ouvrait la source de l'attendrissement et du repentir. Il touchait et faisait entrer dans le sanctuaire plus par la porte radieuse et large de l'amour que par la porte abaissée et austère de la crainte. Il aimait son Dieu, et il eut le don de le faire servir par amour. Il chassa les derniers restes de ce faux respect et de cette crainte funeste qu'une école rigoriste avait maintenus jusqu'alors dans les âmes. Il appela les âmes oublieuses ou égarées au nom du charme et des joies de la vertu, au nom de la charité, esprit vrai et principal du catholicisme; il dilata les cœurs, et fit ressortir le vrai et si doux caractère du Père qui est aux cieux.

Cette action miséricordieuse, commencée dans l'éclat de la chaire, se continuait pour s'achever dans le secret du saint Tribunal. Chose étonnante, il excella dans ces deux fonctions, d'un caractère si différent. Semblable à ces grands hommes de l'histoire qui ont eu le rare mérite de gouverner et de civiliser les peuples qu'ils avaient su vaincre par les armes, achevant ainsi, par l'administration sage et lente, l'œuvre qu'ils avaient commencée par la violence du glaive; il sut diriger et conduire dans la voie des vertus, les cœurs que sa parole, puissante et étincelante comme le glaive, avait d'abord subjugués. Il eut l'ardeur et la fureur sublime de l'éloquence ; il y joignit la patience et la lenteur du juge qui écoute, immobile à son siége, pendant les longues heures du jour et de la nuit. Quelle mansuétude et quelle miséricorde il y déploya ! Quels trésors de consolation il versa dans les âmes souffrantes ! Quelle source intarissable de bonté pour les foules qui se pressaient à son tribunal !

Voilà ce que vous avez vu, ce que vous avez, puis-je dire, expérimenté. Mais que dirai-je si je considère le champ agrandi dans lequel s'exerça le zèle de l'apôtre.

Voyez-le, mes frères, voyez-le encore une fois prenant son essor et portant au loin, jusqu'au-delà des limites de ce diocèse, son zèle et sa parole. Si vous fûtes alors étonnés de la fréquence de ces courses apostoliques, sachez-le, elles sont justifiées autrement que par l'âge et le tempérament, mais par l'insuffisance des ouvriers évangéliques, et surtout par l'ordre formel du premier pasteur : Vous êtes nécessaire, lui écrivait-il, pour ébranler ce pauvre peuple ; nul ne peut vous remplacer (1). Et plus tard, en renouvelant son insistance : N'oubliez pas que j'entends que vous donniez quelques jours

____

(1) Lettre de Mgr de Lostanges.

au moins dans toutes les missions; vous avez reçu du ciel un don réel de toucher les cœurs (1).

Et maintenant, ô pasteur-apôtre! séparez-vous pour un temps de votre peuple; brisez, s'il le faut, son cœur et le vôtre; la voix qui parle au nom du ciel ouvre à votre zèle une libre et sûre carrière. Et vous, ses fidèles, oubliez la tristesse de la séparation pour admirer la grandeur de ses démarches. *Quàm speciosi pedes evangelizantium pacem!* Qu'il était beau dans ses élans lorsqu'il sillonnait cette grande plaine, emporté par l'ardeur de son zèle! Il gravissait les coteaux et portait ses pas aux extrémités les plus lointaines du diocèse. Quel temple n'a pas entendu ces accents? quel cœur n'en fut pas ému? quelle paroisse n'a pas été le champ fécond d'où il rapporta une gerbe de gloire et de mérites! Cette terre surtout, la contrée de Bergerac, combien de fois elle fut arrosée de ses sueurs! Partout il a laissé une trace de ses pas; longtemps encore, aux apôtres qui viendront après lui, les vieillards, gardiens des traditions locales, parleront avec admiration de cet apôtre, grand entre tous, qu'ils entendirent ou que leurs pères avaient entendu. Grande parole dont le souvenir sera durable, parce qu'elle ouvrait l'âme tout entière, pour graver dans son fond son empreinte ineffaçable. L'homme se souvient, en effet, plus

____

(1) Lettre de Mgr de Lostanges.

longtemps, de la commotion qui ébranla tout son être, que du phénomène brillant qui éblouit son regard. La parole de notre apôtre était brillante, mais elle était plus encore émouvante.

— Enfin, il aima, selon la simple mais grande parole de l'Evangile, son prochain, tout son prochain. Ce cœur fut ouvert à tous ; à cette âme harmonisée, tous les tons étaient familiers.

Quels virils et grands accents il fit entendre aux réunions d'hommes formées de fois à autres dans cette enceinte! Avec quelle puissance il leur rappelle les grands devoirs qui rattachent tout homme à son Dieu! Il aura l'éloquence qui foudroie, la puissance qui subjugue, la véhémence qui entraîne. Pour ces âmes, il saura peindre la grandeur de la religion, sa majestueuse souveraineté sur tous les intérêts et toutes les préoccupations de ce monde. Aussi, qui pourra dire combien de préjugés il fit tomber, et dans combien de cœurs il releva l'édifice de la foi, naguère renversé! Pour *ses* hommes, il avait des heures réservées, et, pour eux, il trouvait les paroles qui pénétraient leurs âmes...

A côté de l'œuvre des hommes, il sut placer et diriger celle qui donne à la famille et à la société chrétienne sa seconde base, cette base que ne put jamais trouver le monde païen, la femme forte. Quelle clairvoyance il apportait et quel prestige étonnant il exerçait dans la famille! Apparaissant au

seuil du sanctuaire domestique, il éveillait à la fois
un double sentiment : l'admiration, et, malgré sa
jeunesse, la vénération. Avant de jouir du charme
de son entretien, c'était le bénéfice de sa bénédiction
pastorale que l'on sollicitait, d'un élan spontané, en
tombant à genoux. Trop clairvoyant pour méconnaî-
tre de la fierté, il fut assez ferme dans sa
suavité pour couler dans les âmes l'énergie puissante qui fait la femme forte. C'est tout ce qu'il
m'est permis de dire; mais le fait fournit, au défaut
de ma parole, une consolante démonstration.

Enfin, très-chers frères, il réalisa, par cet esprit
de charité profonde, le conseil de saint Paul : *Si, fieri
potest, cum omnibus hominibus pacem habentes* (1). S'il
ne pouvait se dire le pasteur de tous, pour tous il
fut un frère. De quels désirs d'union pourtant dut
être travaillée cette âme brûlante de zèle ! mais, il
l'avait écrit, le meilleur gouvernement est celui qui
s'exerce par la douceur. Par cette maxime, devenue
la règle de sa vie, il devint le pasteur d'un grand
nombre et demeura l'ami de tous ; et sur sa tombe,
tous les témoignages se sont unis dans un concert
de louange, de sympathie et de deuil.

Vous le voyez, ce cœur se répandit sur le monde,
ouvert à toutes les âmes et répondant à tous les
besoins. Il est pourtant un autre théâtre de ses

_____

(1) Rom. 12.

exploits, admirables surtout par leur coïncidence avec les exploits dont le monde est le témoin et l'objet, je veux parler du sanctuaire et du cloître.

Je le sais et je le sens, le mérite que je signale est moins connu, par là-même moins apprécié, mais pourtant d'une excellence et d'une valeur à nul autre comparable. Le monde recueille sans doute le bénéfice de l'œuvre lente et cachée qui s'élabore dans ces enceintes mystérieuses, mais il ne peut les juger à leur vrai prix, que lorsque il s'est revêtu de l'esprit chrétien, ou mieux encore, quand il s'élève jusqu'à la consécration religieuse. C'est pourtant avec confiance que je signale devant vous cette double action de votre pasteur.

Après avoir recueilli sans mélange la plénitude de l'esprit sacerdotal, pendant les années de séminaire, et préposé aussitôt après à la formation des lévites, lui, hier encore lévite, il n'oublia jamais les enseignements qu'il avait reçus et les premières fonctions qu'il exerça. Homme de Dieu et grand ouvrier de Dieu, s'il estima les œuvres qui incombent au pasteur, il estima plus encore l'œuvre qui crée les pasteurs et multiplie au centuple les œuvres du ministère. Toute une génération de prêtres reçut l'empreinte de cette parole brûlante ; une nombreuse phalange de la tribu lévitique lui fut redevable de sa vocation, préparée ou décidée, et reçut de cette source abondante les écoulements précieux de l'esprit qui fait les vrais prêtres. Père de son peuple, votre père, il fut un père parmi les élus du sacerdoce (1).

Me sera-t-il permis enfin de soulever un coin du voile qui a caché pour beaucoup son action féconde et admirable dans le cloître ? L'homme des œuvres extérieures, l'homme de la parole éclatante devant les foules, l'homme des œuvres apostoliques, savait réduire le champ de sa prodigieuse activité, et se montrer sublime non moins dans la parole que réclame la solitude que dans la parole adressée à la foule du monde. Dans ce monde qu'il connaissait si bien, parmi ces âmes innombrables sur lesquelles son ministère s'exerça, il sut distinguer celles qui portaient le sceau de la vocation divine, les conduire dans la solitude vers les sommets de la perfection. Par lui, le cloître, devenu presque désert au souffle impie de la révolution, s'est repeuplé ; le désert a refleuri ; les communautés se sont ranimées dans leur sublime esprit ; bientôt elles ont étendu au loin leurs rameaux, pour y porter leur ombre bienfaisante. Par elles, l'éducation des enfants fut chrétienne et pieuse ; le pauvre délaissé trouva des mains qui

____

(1) On jugera du prestige qu'il exerça sur les prêtres par ce fait. Étant allé au Séminaire d'Agen pour faire sa retraite, à peine se fut-il mis en rapport avec ses confrères, qu'il fut apprécié et aimé. Il dut, lui étranger à ce diocèse, accepter la charge de confesseur, pour, les jours et une partie des nuits, entendre les confessions, n'ayant pas le temps de penser à sa propre retraite. — Il a laissé un souvenir profond dans le clergé d'Agen.

purent panser ses blessures, porter la nourriture, le vêtement et le remède ; les orphelins eurent des mères. Il fut un des Pères de la vie religieuse dans le Périgord ; il en releva l'étendard sacré et fit naître dans un grand nombre de cœurs le désir de marcher à son ombre.

Telle fut, mes frères, la vie de votre pasteur, vie grande, vie pleine, dont je n'ai pu que signaler les grands traits. Mais par vos souvenirs vous complèterez ce tableau inachevé ; vous viendrez en aide au moissonneur dont les bras succombent sous le poids d'une trop riche moisson, et qui voit tomber à sa droite et à sa gauche les nombreux épis qu'il ne peut recueillir. Vous seuls, en effet, vous pouvez achever cette image ; car, pour la reconstruire, il faudrait unir et harmoniser les traits de son âme épars et gravés dans vos cœurs. Il a fait passer dans cette ville quelque chose de son esprit, de son caractère et de son cœur ; il l'a marquée de son empreinte. A ce titre, je salue de nouveau en lui la grande âme et le grand pasteur. Il a été la forme et le modèle du troupeau. *Forma facti gregis.* (I Pet. 5.)

Après avoir entendu le témoignage de la vie, il ne me reste qu'à interroger la mort, la mort à qui est réservé le jugement dernier et souverain sur la vie, la mort qui a le privilége de racheter, s'il le faut, les fautes de la vie, mais qui couronne d'un suprême et inaltérable éclat les vies qui furent glorieuses.

Elle plane maintenant sur la mémoire de votre curé, cette auréole dont couronne la belle mort. Il porta glorieusement et sans lassitude le poids de la vie ; il vit approcher sans faiblesse et sans trouble le fantôme de la mort. Dès longtemps, il est vrai, son image lui était familière ; tout en satisfaisant chaque jour aux grands devoirs de la vie, il s'essayait chaque soir à répondre à la grande obligation de la mort (1).

Une première annonce lui en fut faite, lors du terrible accident qui fit éclater à la fois sa vertu inébranlable et votre non moins inébranlable attachement. Autour de ce lit de douleurs, les enfants montrèrent à leur père la profondeur de leur affection toujours nouvelle, et le père sentit par avance les déchirements de la dernière séparation ; mais cette douleur, unie à la souffrance du corps, avec quelle force, avec quelle sereine résignation il la porta, vous le savez. Déjà elle était connue de tous, sa puissance d'action, son activité infatigable ; on apprit alors qu'il possédait en outre la force qui modère, qui arrête et qui cloue immobile dans une inaltérable patience. Il avait exercé la puissance de la parole, et par elle il avait été conquérant ; il déploya dans sa douleur la puissance, de toutes la plus grande dans le monde, après la parole, la puissance

_____

(1) Son cercueil était placé dans son alcôve depuis 1830.

du silence (1). Et cette puissance ou cette vertu, comme il vous plaira de la nommer, il la montra dans un degré étonnant, au milieu des événements et des accidents multipliés qui remplirent ses dernières années. Il la montra, et c'est le grand trait que je veux signaler, jusque dans la mort.

Ils n'ont point été courts les apprêts de la dernière heure; habitué qu'il était à porter les lourds fardeaux qui oppriment ou le corps ou le cœur, il porta plusieurs jours la mort dans son sein, la prenant pour un des fardeaux de la vie ajouté à tant d'autres. Malgré l'accablement, il remplit toujours la tâche accomplie pendant 47 ans; il revoit une fois encore, la mort dans le sein, le lieu de sa naissance, les lieux témoins de son enfance, son frère aîné, qu'il avait toujours aimé, avec tous les siens, d'une vive et inaltérable affection. Mais il doit mourir au milieu de ses enfants; à grand peine il revient vers son église de Saint-Jacques, le lieu de son repos, préparé par lui et terminé de la veille. A peine arrivé, il sent s'appesantir sur lui la main, non plus de l'infirmité, mais de la mort !

Le premier soupçon qu'il en a ne s'est point reflété sur son visage ni exprimé dans ses paroles. Le silence et la prière, entremêlés de paroles affectueuses adressées aux personnes qui l'approchent,

(1) Parole de Lacordaire.

c'est là toute son occupation. Le lit de mort ne sera pas pour lui une chaire à sentences ; il a prévu ce dernier et solennel moment, et depuis longtemps il a prononcé les dernières paroles du lit de mort dans ce touchant et admirable testament que vous avez déjà connu. A l'heure de la mort, s'il parle, c'est à Dieu. En face de la mort, il cesse de parler au monde ; au monde, il a payé sa dette ; maintenant c'est au ciel qu'il s'adresse. De fois à autres, il ouvre ses grands yeux, pleins encore d'une pleine intelligence, il demande à ceux qu'il appelle ses fils (1) et qui veillent à ses côtés, de l'aider dans la prière, de prononcer les invocations que son cœur seul peut dire en ce moment ; jusqu'à ce que enfin son souffle, puissant jusqu'alors, se ralentit et va s'affaiblissant. La dernière heure est venue ; il exhale en paix son dernier soupir, le 12 janvier 1870.

Qu'ai-je fait, mes frères, pendant toute la durée de ce discours, en louant votre pasteur, sinon réveiller les regrets que vous a causés sa perte ! J'ai le devoir, en terminant, de laisser tomber sur ces regrets ravivés une parole de consolation et d'espérance.

Vous ne le verrez plus, mais il n'est pas mort tout

---

(1) MM. Delbourg et Caminade, ses deux vicaires.

entier ; il est vivant encore, vivant dans votre mémoire, vivant dans vos cœurs ; vous ne le verrez
plus dans la splendeur de sa jeunesse première ;
mais au chrétien fidèle une seconde jeunesse est
promise ; semblable à l'aigle, dont parle l'Ecriture,
il renaîtra de sa cendre et retrouvera un éclat et des
élans qu'il n'avait pas connus. Ces restes que vous
entourez à cette heure, recevront dans le tombeau
un principe de vie, au grand jour de la Résurrec-
tion. De nouveau, il se dressera, ce grand prêtre, sur
ce sol qui fut son champ de bataille, alors devenu
son champ de triomphe ; il apparaîtra orné de ses
vertus, paré de ses mérites, et s'élancera de ce
temple, où il vécut, dans le temple immortel de la
gloire.

Vous ne l'entendrez plus cette voix magnifique,
éclatante et sympathique ; mais consolez-vous : à
travers la tombe et du fond du sépulcre s'élève un
langage muet mais puissant, qu'il vous sera permis
d'entendre ; longtemps encore sous ces voûtes se
prolongeront en échos sans fin les accents dont elles
retentirent ; sa parole se perpétuera comme ses
œuvres ; aux approches de ce tombeau, les cœurs
seront émus et tressailleront en entendant la voix
mystérieuse et grave, mais douce, du pasteur décédé.
Defunctus adhuc loquitur. Elle sera entendue cette
parole d'outre-tombe, car jamais l'oubli ne vous
éloignera de ces restes vénérés ; elle sera entendue

et recueillie pour prolonger les effets admirables des paroles de la vie.

Unissons donc les joies de l'espérance aux tristesses de la séparation. Le revoir en Dieu, voilà votre consolation, ô fidèles éplorés, le revoir dans le sein de ce Dieu qu'il vous apprit à aimer, et vers lequel il vous appelle.

En attendant le jour où pasteur et troupeau seront à jamais réunis, ah! il vous est permis d'arroser de vos larmes ce glorieux sépulcre. — Vous l'avez pleuré, pontife de ce diocèse, le patriarche de votre clergé; l'annonce de cette mort fut une des douleurs les plus vives de votre épiscopat. — Vous l'avez pleuré, prêtres du Périgord; il fut l'ornement de votre ordre, votre ami, votre père, et vous laisse de nobles exemples. — Vous l'avez pleuré, habitants de cette ville; il fut votre honneur, votre bienfaiteur insigne, et vous bénirez le ciel qui vous prolongea pendant un demi-siècle un si grand ministère. — Vous l'avez pleuré, vous tous fidèles qui avez perdu un père si bon, un pasteur si dévoué; ah! aux larmes vous joindrez vos prières. Vous ferez plus encore, vous consacrerez un monument à sa mémoire, un monument de gloire, grand comme vos regrets, grand comme le cœur qu'il doit abriter.

F. 15. Périgueux, impr. Boucharie et Cᵉ. Ms 70.

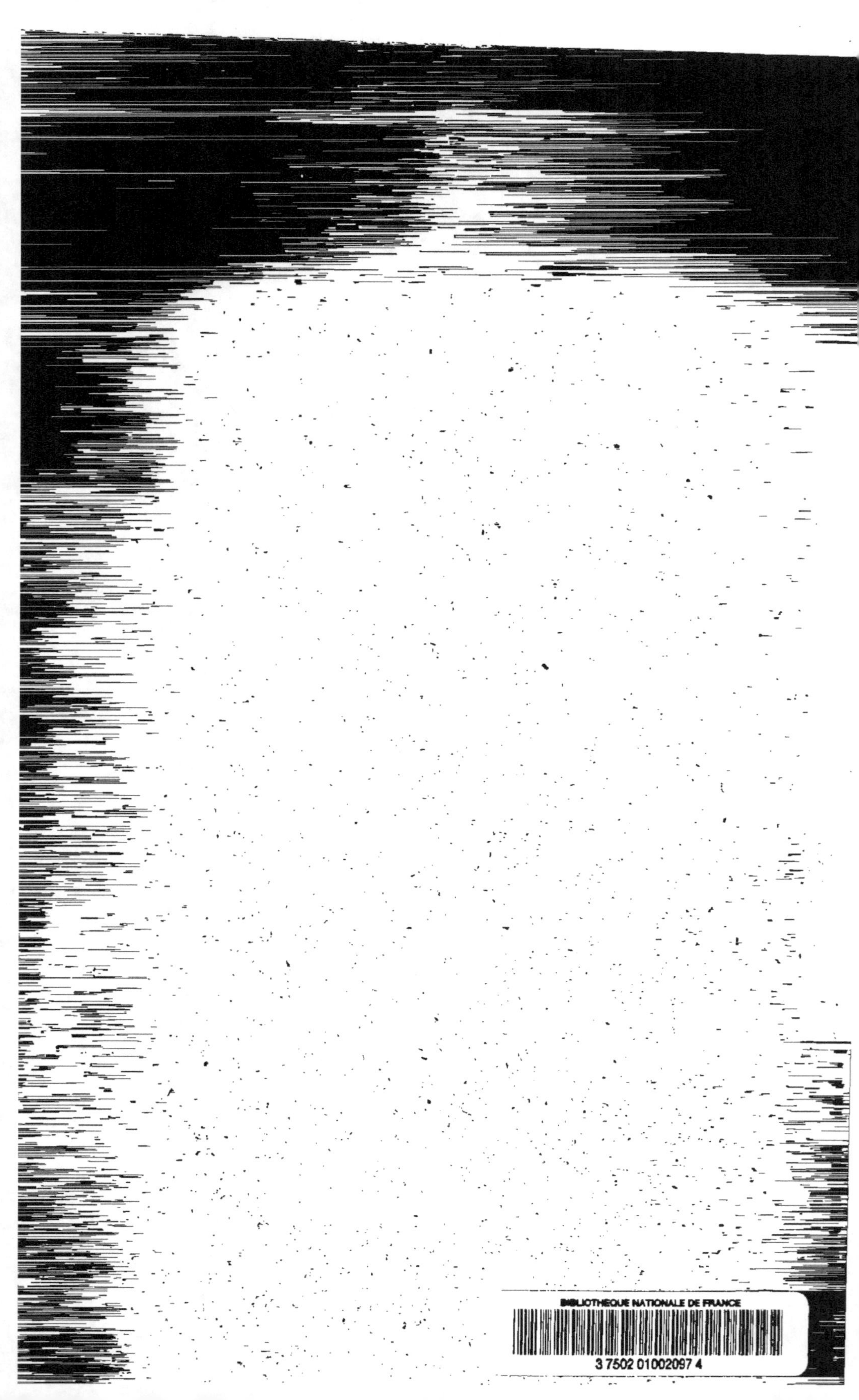

BIBLIOTHEQUE NATIONALE DE FRANCE
3 7502 01002097 4

www.ingramcontent.com/pod-product-compliance
Lightning Source LLC
Chambersburg PA
CBHW051736050726
47598CB00003B/1219